AF448162

DEVOÇÕES

Da Terra

• Montanhas •

LINDA CARTER

Este trabalho é dedicado ao Papa Deus e ao Espírito Santo, que me deu infinita inspiração e visão para compartilhar essas palavras de um lugar autêntico e sincero. Minha oração é que meus esforços abençoem o Reino e todos aqueles que o lerem.

Introduçã

A terra tem música para quem ouve. - George Santayana

"No princípio Deus criou os céus e a terra."
- Genesis 1:1

Sinto puro prazer na natureza e nas coisas criadas. A singularidade sem fim de cada coisa criada me surpreende. Uma caminhada por uma floresta me faz pensar em tantos tipos diferentes de árvores, flores, ervas, pássaros e animais, que posso encontrar. Eu me vejo maravilhada com a forma como cada árvore é diferente, na. verdade, cada folha é diferente!

Adoro descobrir uma nova planta, um novo inseto ou outro pôr do sol colorido. Cada um é diferente. Que Deus criativo servimos!

Ele tornou você e eu únicos também. Lembro-me de ler algo bastante surpreendente de uma das minhas autoras favoritas, Lisa Bevere. Em um de seus livros, ela disse que Deus não nos ama de qualquer maneira... Eu fiquei pensando, como assim? Ela continuou dizendo: 'Ele nos ama a todos de forma única'. Que incrível isso! Ele nos ama de forma única, porque cada um de nós é diferente. É verdade. Eu não tenho que me comparar com qualquer outra pessoa... Eu sou única e Ele me ama!

Recentemente me mudei para o norte da Califórnia para uma pequena comunidade rural e comprei uma 'cabine na floresta' no cume de uma montanha. Eu sempre sonhei em viver em uma floresta de pinheiros, e sei que meu Pai preparou este lugar só para mim. Viver neste lugar lindo e selvagem me deu um apreço pelas coisas da natureza que eu nunca tive antes. Eu percebo as menores coisas, e vejo a beleza onde nunca notei antes. Fiquei inspirada a escrever essas notas que realmente são uma imagem da minha devoção a tudo o que Ele nos deu na Terra, e a compartilhar com os outros as lições e a beleza a serem encontradas.

Espero que essas páginas encorajem e inspirem você a desacelerar um pouco e dar outra olhada em como a Terra nos conta sua história e como tudo isso reflete o Criador. Ele tem muito a nos dizer através de Sua criação!

~Linda Carter

Cedros Reais

O caminho mais claro para o Universo é através
de uma floresta selvagem. — John Muir

1 Reis 7:2 NIV
*Uma das salas do palácio chamava-se Salão da Floresta do
Líbano. Era uma sala enorme que media 50 metros de
comprimento por 25 metros de largura e 15 metros de altura.*

Eu sempre amei florestas de pinheiros e nunca estive em
uma floresta de cedro até o início deste ano, quando estávamos
procurando comprar uma casa em um novo estado. Eu me
apaixonei imediatamente pelas folhas rendadas e pela forma
imponente dessas árvores. A escritura que diz que Ele pode nos

dar "muito além de qualquer coisa que pedimos ou pensamos " vem à mente. (Efésios 3:20) Se eu sempre quis viver em uma floresta, nunca imaginei que poderia ser uma floresta de cedro! Os cedros da minha propriedade são muito altos e têm uma bela casca vermelha e madeira perfumada. Não é de se admirar que a madeira de cedro seja tão cobiçada para construir coisas 'especiais' - até mesmo palácios de Reis! Que alegria viver entre eles.

Quando foi a última vez que você reconheceu os presentes especiais do seu Pai? Às vezes eu peço coisas e depois as esqueço, até que anos depois, de repente estou ciente de que Deus respondeu às minhas orações! Às vezes nem era uma oração, era apenas um simples desejo no meu coração. São aqueles momentos que me tiram o fôlego e me levam às lágrimas enquanto reconheço a presença do Senhor. Parece que acabei de notar Meu Pai piscando para mim. As respostas à oração podem ser tão sutis que podemos perdê-las. Reserve um momento hoje para olhar ao redor e ver se você consegue reconhecer alguma coisa em sua vida que represente uma oração antiga ou um desejo em seu coração que você pode ter perdido. Pode ser algo muito pequeno, ou muito grande, mas quando você o vir, saberá... Ele acabou de piscar para você!

Pai, abra meus olhos para ver os pequenos presentes e surpresas que o Senhor colocou na minha vida. Eu não quero perder nada! Obrigado pelas coisas secretas no meu coração que você sempre soube sobre mim e pelas respostas às orações. Amém

Pinhas

As palavras de Deus não são como a folha de carvalho que morre e cai na terra, mas como o pinheiro que permanece verde para sempre. - *Mohawk Wisdom*

Provérbios 27:9 O Livro
Um bom conselho, dado por um amigo fiel, é como um agradável perfume que deixa uma pessoa bem disposta.

Você já olhou de perto para uma pinha fresca? Há muitos estilos e formas, e um pequeno estudo no meu próprio quintal me surpreendeu com sua diversidade e beleza. Os abetos, que se parecem com sua árvore de Natal típica, na verdade têm pequenas pinhas com pétalas finas de papel, mas suas cores e padrões combinam com as pétalas de cone de pinheiro gigante do Pinho de Açúcar. Algumas pinhas são lisas e outras são espinhosas! O pinheiro Ponderosa tem as cones de pinheiro típicos que pensamos em forma e tamanho, e são abundantes ao redor da minha propriedade. Eles parecem bonitos demais para rastejar e jogar fora, então comecei a pesquisar os muitos usos para eles e fiquei criativa. Há muitas maneiras de usar pinhas.

O mesmo poderia ser dito de como usamos nossas palavras. Às vezes elas são carinhosas e trazem encorajamento aos outros, e outras vezes nossas palavras são dolorosas e espinhosas. Parece que estou constantemente tentando descobrir como ser mais graciosa e amorosa com as minhas palavras. Como eu gostaria que todas as minhas palavras fossem tão bonitas quanto uma pinha fresca. Tenho pinhas ao redor da minha casa, e quando preciso controlar minhas palavras, posso pegar uma e rodá-las nos dedos para me ajudar a fazer uma pausa na conversa. Eu sinto os pontos espinhosos e me lembro de não falar assim com aqueles que amo. Talvez uma pinha ao redor da sua casa possa ajudá-lo a não ser muito espinhoso com suas palavras também.

Pai querido, continue me ajudando com minhas palavras. Continue me mostrando as lições de vida que eu preciso para falar 'conselho sincero' para aqueles que me ouvem, e que eu, na maioria das vezes, fale por amor. Amém

O Poderoso Carvalho

Pense na energia feroz concentrada em uma bolota de carvalho!
Você a enterra no chão e ela explode em um carvalho!
— George Bernard Shaw

Isaiah 61:3 NVT
...uma bela coroa em vez de cinzas, uma alegre
bênção em vez de lamento, louvores festivos
em vez de desespero. Em sua justiça, serão como
grandes carvalhos que o Senhor plantou para sua glória.

Você pode se surpreender com todas as referências diante de um carvalho na Bíblia. Algumas das minhas passagens favoritas falam sobre o 'Carvalho Poderoso', que parece representar bem as árvores Carvalho Preto na minha propriedade. Como eles estão crescendo entre os pinheiros e cedros altos, eles também crescem extremamente altos, competindo pelo sol no topo do dossel. Muitos carvalhos que a empresa de energia local cortou em nossa área são quase ocos, e eu me pergunto como as árvores sobreviveram assim. Elas são árvores resistentes e determinadas que se agarram à vida, mesmo quando suas entranhas estão morrendo. Eu estava examinando um recorte de um de nossos carvalhos e isso me hipnotizou por um tempo para estudar o caráter da madeira. Os anéis falavam de muitos anos bons e ruins, e as rachaduras falavam de uma estação extremamente seca que estava sobre a árvore no momento de sua morte. Em alguns lugares, a casca desapareceu e um crescimento fibroso cobriu a ferida. Essas árvores são resilientes.

Não é à toa que a palavra de Deus fale com tanta frequência sobre eles, usando-os para ensinar muitas lições de vida. Ele compara a pessoa justa a uma árvore plantada por córregos de água (Salmo 1:3). Acredito que, quando somos plantados na família do Senhor, nos tornamos mais resilientes à dureza do mundo. Então, quando as coisas parecem difíceis, preciso lembrar e até mesmo falar em voz alta que o Senhor me chama de 'carvalho de justiça', e eu sou um plantio do Senhor para mostrar Seu esplendor. Que belo pensamento para me distrair de um espírito momentâneo de desespero.

Obrigada Pai, por trazer suas escrituras à minha mente quando eu mais preciso delas. Ajude-me a retê-la mais no meu coração, para que eu possa ser revigorada e redirecionada por suas palavras. Amém

Campos Gramados

Florescer: flo-res-cer

1. Para crescer bem ou exuberantemente, Prosperar
2. Para fazer ou se sair bem, adequado
3. Para estar em um período de maior produtividade ou excelência

Salmos 72:16 NLT
Que haja fartura de cereais em toda a terra, crescendo até o alto dos montes. Que as árvores frutíferas sejam como as do Líbano, e que o povo prospere como grama no campo.

A grama é uma das coisas que crescem mais resilientes no planeta Terra. Enquanto escrevo isso, é o início do inverno e a estação chuvosa em que vivemos. Ficamos tão surpresos e satisfeitos em ver a grama nas colinas esverdeando como uma

Isso me lembra de como o Espírito Santo é como uma chuva refrescante em nossas vidas que traz liberdade e vida aos lugares secos. Quando nos sentimos maçantes e sem vida, devemos buscar a presença do Senhor.

Alguns anos atrás, eu estava em um período de seca espiritualmente falando. Um dia, meu marido se deparou com uma banda de louvor on-line que me fez ficar paralisada. Deixei tudo pra trás e adorei por 45 minutos, de joelhos e em lágrimas enquanto era atraída pela presença de Deus. "É disso que tenho fome!" Eu disse para mim mesma. Fiquei assistindo ao culto on-line daquela igreja - a 1000 milhas de distância, e eu queria mais.

Parece loucura tirar as raizes da minha vida para atravessar o país e ir a uma igreja que alimenta meu espírito, mas pareceu ser um chamado.

Um ano depois, nos mudamos para o norte da Califórnia para seguir o chamado. Esta é a casa. É aqui que podemos florescer e prosperar. Venha descobrir que não fomos as únicas pessoas que ouviram o chamado. Outros de todo o mundo estavam vindo a este lugar!

Obrigado Pai pelos tempos secos que nos deixam com mais fome do Senhor. Espírito Santo, venha até nós nesses tempos secos e nos enche de novo. Leva-nos para onde precisamos estar, para florescer e prosperar em nossas vidas físicas e espirituais. Amém

Ritmos da Terra

Em cada caminhada com a natureza, alguém recebe muito mais do que procura. ~ *John Muir*

Salmos 96:11-12 (Traduzido da versão em inglês TVT) Deixe a alegria ser o ritmo da terra... Deixe todas as árvores da floresta cavarem e chegarem alto com canções de alegria diante do Eterno...

A maioria das pessoas tem as estações favoritas do ano. Descobri que minhas estações favoritas podem mudar com o lugar onde vivo. Quando eu morava no deserto, os meses de verão eram agonizantemente quentes e o momento perfeito para fugir. Vivendo na costa leste, eu adorava as cores do outono. Hoje, viver em um cume de montanha em uma floresta de carvalho ePinheiros me deu uma nova maravilha para todas as estações, à medida que aprendo a ler os pontos mais finos dos ritmos da natureza. A maneira como a vida selvagem vem e vai, os padrões climáticos secos e úmidos, as gramíneas e o musgo ficam verdes até mesmo com o mínimo de chuva. Quase posso sentir a alegria na natureza que vem com pequenas mudanças e ritmos.

Quando me deparei recentemente com o Salmo 96, senti meu coração saltar! Fez muito sentido para mim que a ALEGRIA seja o ritmo da terra. Comecei a falar sobre minhas árvores... "Cave fundo! Chegue alto! - e louve ao Senhor. Deixe a alegria ser o seu ritmo!"

Podemos dizer palavras encorajadas como essa sobre nossas próprias vidas? Acho que podemos. Acho que deveríamos. A Palavra de Deus é uma força poderosa quando falada com convicção e fé. Encorajo você a encontrar uma escritura que toque seu espírito e comece a falar sobre a sua vida. Ouse acreditar nas promessas faladas a você, mesmo que seja você falando. Procure (e espere) as alegrias que vêm com o ritmo da Palavra de Deus falando para o seu espírito em situações que só Ele sabe do que você precisa.

Pai, obrigado pela sua Palavra - uma fonte interminável de vida e encorajamento. Ajude-me a abraçar os ritmos de suas promessas à medida que elas se aplicam a mim dia a dia, momento a momento. Amém

Jornal do Quinto Dia

Cedros Reais: escreva sobre um presente especial ou oração respondida.

Pinhas: escreva sobre ser mais gracioso com suas palavras.

Carvalho Poderoso: escreva sobre ser um 'Bico da Justiça'.

Campos Gramados: escreva sobre a chuva refrescante de Deus em um lugar seco.

Ritmos da Terra: escreva uma palavra encorajadora sobre sua vida.

Outras Reflexões:

Majestade das Montanhas

Você não está nas montanhas. As montanhas estão em você.
– John Muir

Salmos 48:2 O Livro
É um lugar muito belo! Vejam o monte Sião erguendo-se a norte
da cidade! É a alegria de toda a Terra!

Da janela da minha cozinha há uma vista de tirar o fôlego do Monte Shasta. Eu nunca me canso disso. Eu sempre perco o fôlego quando o vejo. Quando as nuvens o obscurecem, eu suspiro. Que presente incrível nos foi dado - toda a beleza da criação, a vista e a paixão de poder apreciá-lo.

Há um ditado, "Pare e sinta o perfume das rosas", que nos lembra de desacelerar e apreciar as coisas bonitas que estão bem à nossa frente. Passei muitos anos em um trabalho ocupado e estressante, criando minha filha, administrando um negócio, etc. Demorou tanto para sair desse ciclo.

Espero que dedicar alguns minutos lendo lendo para ler essas devoções lhe dê a "pausa" de que você precisa na vida para buscar os momentos de silêncio que nos aproximam de Deus. Mas mais do que apenas uma pausa, precisamos recalibrar. O Salmo 39:6 diz: "Na verdade, cada um de nós caminha pela vida como uma sombra. Ocupamo-nos sem fazer nada, acumulando bens que nunca poderemos manter..."

Senhor, ajuda-nos a ter sabedoria em saber o que é realmente importante na vida. Ensina-nos a viver no espaço doce de apreciar tudo o que o Senhor nos tem dado todos os dias. Ajuda-nos a saber o que o Senhor gostaria que fôssemos. A vida é preciosa demais para viver como uma sombra. Amém

Asas das Águias

Quando uma tempestade está chegando, todos os outros pássaros procuram abrigo. Somente a águia escapa da tempestade voando acima dela. Então, nas tempestades da vida, que seu coração seja como uma águia e voe acima. ~ *Anônimo*

Isaías 40:29 & 31 NVT
Dá forças aos cansados e vigor aos fracos. Mas os que confiam no Senhor renovam suas forças; voam alto, como águias. Correm e não se cansam, caminham e não desfalecem.

No primeiro dia em que chegámos à nossa nova casa nas montanhas, vimos uma águia voando sobre nossa propriedade.

Foi uma bênção para nós, e especialmente para o meu marido, porque ele tem um lugar especial em seu coração para a Águia. Foi como um 'sinal' de Deus nos mostrando que tínhamos chegado. Nossa jornada foi finalmente concluída. A vista da águia naquele dia realmente nos deu uma nova força após o longo e difícil processo de comprar/vender/mover e, finalmente, pousar em nosso novo lugar para chamá-lo de lar.

Os pássaros nesta área são completamente diferentes do que estávamos acostumados em nossa antiga casa. Em vez de tentilhões, tordos e pardais, temos águias, falcões, abutres e perus. Há dias que podemos avistar pássaros grandes e majestosos voando sobre nossa propriedade em toda a sua glória. Tudo é diferente aqui, pois era exatamente o que Deus tinha em mente para nós. Parecia que tínhamos sido promovidos, mas às vezes a promoção vem com responsabilidade, testes e testes. Não sabíamos quais eram as provações pela frente, mas a a visão da águia nos ajudou a saber que estávamos onde precisávamos estar, e que Deus estava conosco.

Às vezes, Deus fala de maneiras incomuns. Tente abrir seu coração para permitir que Ele fale com você de maneiras não convencionais. Ouça a voz Dele em coisas bonitas e surpreendentes. Ele adora nos dar essas confirmações e pequenos 'abraços'.

Pai, não quero perder sua voz nas pequenas coisas. Ajuda-me a ter ouvidos para ouvir e olhos para ver o que o seu Espírito está dizendo. Amém

Lugares secretos

As montanhas conhecem os segredos que precisamos aprender.
Isso pode levar tempo, pode ser difícil, mas se você aguentar o
tempo suficiente, encontrará forças para se levantar. ~Tyler Knott

Psalm 16:11 NVT
*Tu me mostrarás o caminho da vida e me darás a alegria de tua
presença e o prazer de viver contigo para sempre.*

P arte da nossa propriedade fica em um cume de montanha
íngreme, onde você pode facilmente encontrar solidão e
tranquilidade em uma curta (embora extenuante) caminhada pela
floresta. Limpei um pequeno caminho que leva ao meu ' lugar
secreto' e coloquei algumas cadeiras confortáveis lá. É um lugar
especial que posso me concentrar nos tempos difíceis, fazer uma

meditação tranquila em momentos espirituais e levar amigos para conversas calmas e reflexivas

Esses lugares secretos podem ser momentos muito decisivos em nossas vidas. É onde ficamos quietos o suficiente para permitir que o Espírito Santo nos guie pelo caminho correto da vida, direcionando nossos pensamentos e decisões, mostrando-nos a verdade a partir das mentiras e nos dando convicções para seguir em frente.

Se você ainda não tem um, eu encorajo você a encontrar seu próprio lugar secreto. Um lugar onde você pode 'Estar Quieto' e ouvir a voz do Senhor.

Obrigado por me dar momentos tranquilos de reflexão para desacelerar e buscar sua sabedoria para que eu possa caminhar com confiança os caminhos que levam à verdadeira alegria e contentamento que o Senhor tem para cada um de nós. Amém

Cervo de Passo Firme

Quanto mais eu vejo veados, mais eu os admiro como montanhistas. ~ *John Muir*

Salmos 18:32-33 O Livro
Deus é quem me fortalece; faz-me andar em perfeita segurança.
Faz com que caminhe com passo bem firme,
como as gazelas sobre os cumes.

Tem sido incrível ver a vida selvagem indo e vindo no meu quintal. Com o tempo, eles ficaram cada vez mais confortáveis conosco. Agora fiz um espaço 'canto de bicho' com água e petiscos, e alguns deles até vem correndo quando me ouvem chamando, para ver quais guloseimas eu coloquei para eles. Os cervos são de longe as criaturas mais graciosas e bonitas que vêm nos visitar. Depois de meses observando-os, estou surpresa com o quão alertas eles são e, no entanto, o quão confortáveis eles podem estar quando sabem que não há perigo presente. Eles podem pular e correr tão rápido quando sentem alarme, saltando montanha abaixo e nunca tropeçam no chão da floresta ou no terreno íngreme.

Eles apresentam uma bela lição sobre estar relaxado o suficiente para deixar de lado as tensões e ansiedades quando tivermos feito tudo o que sabemos fazer, enquanto ao mesmo tempo estamos prontos para nos mover quando chegar a hora. É preciso total confiança em nosso Deus (e um pouco de paciência) para fazer isso. Quantas vezes eu tive que me forçar a respirar fundo e deixar de lado coisas sobre as quais não tenho controle, ou esperar por respostas em vez de forçá-las. Eu continuamente tenho que entregar minhas preocupações a Deus e tirar minha mente e minhas mãos das coisas. Acredito que quanto mais fizermos isso, menos teremos que fazer. Está tudo bem deixar ir.

Entregue suas preocupações ao Senhor. Vá em frente com o pé tão seguro quanto o cervo. Podemos confiar que nosso Pai está trabalhando em tudo para o nosso bem. Obrigado, Senhor, por me armar com força e tornar meu caminho perfeito. Ajuda-me a ficar tão confortável com minha confiança em ti, que eu ande e corra sem tropeçar - assim como o cervo. Amém.

Tempestades de Montanha

As nuvens vêm flutuando na minha vida, não mais para carregar chuva ou tempestade, mas para adicionar cor ao meu céu do pôr-do-sol. ~ *Rabridanath Tagore*

Salmos 107:29-30 NLT
...Ele acalmava a tempestade, e as ondas ficaram quietas. Eles se alegravam...

Tempestades nas montanhas podem ser absolutamente mágicas. Às vezes, nossa casa no cume da montanha nos coloca bem nas nuvens, como viver nas "montanhas enevoadas". O sol atravessa de vez em quando para fazer raios de luz dourada. As chuvas podem ser fortes e constantes, ou suaves e encharcadas. A neve é calma e fofa. Algumas tempestades chegam com grandes rajadas de vento que balançam as folhas mortas e as agulhas de pinheiro, o que pode deixar sujeira para limpar, mas quando a tempestade passa, as árvores ficam tão frescas, limpas e brilhantes. A floresta parece se animar depois com novo crescimento e cor.

Talvez seja assim que devemos olhar para as tempestades em nossas vidas... elas são uma parte da vida que nem sempre é brilhante e ensolarada, mas necessária para regar as estações profundas e secas e nos ajudar a navegar para um novo começo. Sim, pode haver danos para limpar, mas com a ajuda do Senhor, saímos do outro lado prontos para virar a esquina e seguir para o que vem a seguir. Sem o alerta da tempestade, podemos não nos mover e perder coisas novas e melhores que Deus tem para nós.

Senhor, ajuda-me a não temer tanto as tempestades. Ajude-me a lembrar que o Senhor está aí para me ajudar em tudo... pronto para acalmar as ondas e me levar a lugares melhores. Amém

Jornal do dia 10

Majestade das Montanhas: escreva sobre pausar e recalibrar.

____

____

____

____

____

____

Asas de Águias: como Deus fala com você de maneiras incomuns?

____

____

____

____

____

____

____

____

Lugares Secretos: planeje seu próximo momento de silêncio em seu lugar secreto.

____

____

____

____

____

____

____

Cervo de Patas Seguras: há alguma preocupação com a qual você precisa confiar em Deus?

____

____

____

____

____

____

Tempestades de Montanha: Uma tempestade está te levando para um lugar melhor?

____

____

____

____

____

____

____

____

Outras Reflexões:

____

____

____

____

____

____

____

A Sabedoria da Natureza

Olhe fundo na natureza, e então você entenderá tudo melhor.~*Albert Einstein*

Psalm 119:98-99 NLT
Teus mandamentos me fazem mais sábio que meus inimigos, pois sempre me guiam. Sim, tenho mais prudência que meus mestres, pois vivo a meditar em teus preceitos.

Se prestarmos atenção ao longo desta jornada chamada vida, aprendemos lições e nos tornamos mais sábios e exigentes à medida que crescemos. Pode levar muita tentativa e erro, mas as lições estão lá. A vida é um grande mestre, mas sinto que encontrei o verdadeiro tesouro da sabedoria e do discernimento na Bíblia... A Palavra de Deus e a carta de amor para nós. É um livro tão incrível e perspicaz, que falou comigo literalmente sobre todos os aspectos da vida.

Muitas das minhas viagens sabáticas pelas estradas acabam em uma floresta montanhosa. Não é que a floresta dê sabedoria, por mais que seja o lugar especial onde eu possa 'ficar quieta e conhecer' meu Pai. É onde eu posso me inspirar pelo que é criado, porque tudo isso aponta para Ele. Nesse estado de espírito, e nos lugares tranquilos especiais onde a beleza está por toda parte, eu costumo ser capaz de ouvir e 'ouvir' melhor. Se você está procurando respostas, mas descobre que a vida não diminui o tempo suficiente para ter um tempo de silêncio com Deus, recomendo fazer uma viagem sabática durante a noite para ficar longe de tudo para que você possa ouvir melhor. As *montanhas e a floresta são o meu lugar favorito para isso.*

Obrigado Senhor por sempre responder às nossas orações por mais sabedoria. Obrigada pelo seu Espírito que nos dá discernimento. Ajuda-nos a nos acalmar por tempo suficiente para realmente ouvir e aprender. Amém

Uma Casa Na Floresta

Florestas são como igrejas, lugares sagrados. Há uma quietude neles, uma espécie de reverência. - *Sabrina Elkins*

Salmos 104:16-18 TVT
As árvores do Senhor são bem cuidadas, os cedros do Líbano que ele plantou. Nelas as aves fazem seus ninhos, nos ciprestes as cegonhas têm seu lar. No alto dos montes vivem as cabras selvagens, nas rochas se escondem os coelhos silvestres.

Os lugares selvagens da Terra são lindos, e a vida selvagem que vive nas florestas das montanhas é fascinante de contemplar quando você pode espiá-las. Cidades são para pessoas. Somos apenas visitantes na floresta, embora às vezes criemos lugares para chamar de nossos. Deus criou um lugar para se viver, e como é especial viver entre coisas selvagens.Os perus selvagens começaram a aparecer no final do verão, então comecei a colocar sementes de pássaros para eles. Os jays azuis e os pássaros menores encontraram as sementes e começaram a se ajudar com o que os perus deixaram. Então os esquilos e coelhos começaram a vir para ver o que poderia ter lá para eles. Os cervos também adoram sementes de pássaros, maçãs e cenouras. Uma corça e seu bebê procuram minhas guloseimas regularmente, e os perus se cruzam alguma vezes nas árvores da minha propriedade.. Que lindo compartilhar a floresta com eles.

Que nunca percamos a maravilha da nossa infantilidade pelas coisas da criação.   Quando vemos como a natureza funciona em harmonia para cada coisa viva, logo sabemos que não é por acaso. É um design inteligente de um Deus amoroso e muito criativo. Respire nas cidades feitas pelo homem e visite a floresta de vez em quando para lembrar a maravilha da natureza. A maravilha da criação.

Obrigado Pai pela beleza da natureza e da vida selvagem que nos mostra que Deus incrível é o Senhor. Ajuda-nos a não perder nossa fé infantil. Amém

Pássaros da montanha

Seja como os pássaros que, ao pousarem um instante sobre ramos muito leves, sentem-se ceder, mas cantam! Eles sabem que possuem asas. *~Victor Hugo*

Salmos 50:11 NVT
Conheço cada pássaro dos montes,
e todos os animais dos campos me pertencem.

Alguns pássaros e animais você só pode ver nas montanhas. Ter um vislumbre de uma águia voando ou uma coruja branca é tão especial e raro. Os perus selvagens têm vindo às dúzias para a minha área atrás da casa. Que alegria é observar suas travessuras enquanto se coçam e procuram comida. Eles são pássaros grandes e bonitos - e é um verdadeiro prazer vê-los abrir suas penas em plena exibição. Comecei a jogar sementes de pássaros para eles e, com o tempo, eles se tornaram mais amigáveis, fazendo um barulho quando eu saio com as sementes..

Toda esta beleza pertence ao Senhor. Nós somos apenas mordomos conforme Ele acha adequado para nos dar qualquer pequena parte que Ele acha que podemos lidar. As escrituras nos dizem que quando fazemos bem as pequenas coisas, ele nos dá mais responsabilidade. Meu pastor certa vez ensinou que mais responsabilidade É a recompensa que o Senhor nos dá. Anos atrás, trabalhei com integridade em uma situação muito difícil no local de trabalho. A única maneira de fazer isso foi lembrando que não trabalho para homens... trabalho para o Senhor. Essa experiência me levou a abrir meu próprio negócio, e tenho certeza de que essa foi a recompensa por fazer o meu melhor, mesmo para um chefe humilhante, e esquentado. Aqueles dias foram cheios de tantas orações por aquele homem e por minha própria paciência! No final, Deus realmente usou aquele homem para me ajudar a começar a ser meu próprio patrão! Eu tenho que rir de como isso funcionou... Ele realmente trabalha todas as coisas para o nosso bem.

Obrigado pelos desafios e testes, Senhor, eles sempre nos levam de glória em glória quando seguimos seus caminhos. O Senhor é um bom Deus. O tempo todo. Amém

Canções da Montanha

Cante uma nova canção para o Senhor; deixe sua canção ser cantada do alto das montanhas. Cante uma nova música para o Senhor, cantando aleluia... (Song by Dan Schutte)

Isaiah 42:10-12 NIV
....Cantem um novo cântico ao Senhor...aclamem do alto dos montes!.. Dêem glória ao Senhor. Que o mundo inteiro glorifique o Senhor e cante seu louvor!

Nós escrevemos músicas sobre cantar para o Senhor no topo das montanhãs, e o Senhor escreve músicas sobre as próprias montanhas cantando para Ele com grandes vozes alegres! De alguma forma, as montanhas, e na verdade toda a criação conhecem seu criador. "Que toda a criação se alegre diante do Senhor..." (Salmo 96:13) Às vezes posso ver alegria na beleza simples de uma flor florescendo - dando tudo para o Senhor. Houve um dia em que as pessoas nasceram conhecendo nosso criador, mas tudo isso mudou há muitos milhares de anos no jardim. Agora, nascemos na adversidade e devemos procurá-Lo como tesouro escondido para conhecê-lo. Não é mais fácil para nós encontrar nosso criador, mas esse é o nosso destino.

"A natureza criada aguarda, com grande expectativa, que os filhos de Deus sejam revelados." (Romanos 8:19) Os "filhos de Deus"... somos nós - as pessoas que encontram o tesouro escondido de Jesus. Que imagem incrível - toda a criação está vendo o plano do Senhor se desdobrar para nós, Seus filhos, esperando que sejamos revelados. Na espera, toda a criação levanta suas vozes para louvar o Deus da criação. Até os anjos observam em expectativa; nos ajudando ao longo do caminho e se regozijando quando cada um de nós vira nossos corações para Deus e o recebe. (veja Lucas 5:9-10) Agora também estamos esperando que tudo seja revelado. Conhecemos a verdade, e ela nos libertou, mas há tantos outros que estão perdidos. Devemos ajudá-los a encontrar este tesouro também. Isso também faz parte do nosso destino.

Senhor, obrigado por abrir nossos olhos e corações para conhecê-lo. Mostre-nos como trabalhar com o senhor para guiar os outros a encontrar o tesouro de Jesus. Amém

Esconderijos

Logo antes de eu desistir, Você me salvou, Você me salvou... Uma noite você caiu das estrelas, brilhando uma luz no escuro e pegou todas as minhas partes quebradas...
(Letras da música "You Saved Me" de Jake Miller)

Salmos 40:2 O Livro
Tirou-me dum poço de desespero, dum charco de lodo;
pôs os meus pés sobre uma rocha,

fez-me andar num caminho seguro.

As florestas montanhosas são lindas, inspiradoras e um lugar maravilhoso para procurar o Senhor para se concentrar. Às vezes, nos meus piores dias, eles fornecem um esconderijo das pressões da vida. Você já sentiu vontade de fugir de tudo? Sim, eu também. Agora eu sei que fugir não resolve nada, mas às vezes uma 'fugir' é apenas o ingresso para respirar e falar com Deus sobre algumas coisas sérias acontecendo na minha vida. Quando meus problemas são causados por meus próprios erros, eles podem ser os mais difíceis de superar.

Mas o Senhor é fiel para me ajudar a encontrar novamente o meu belo eu. Passar um tempo a sós com Deus me ajuda a lembrar quem eu sou Nele. Assim como a escritura acima diz, Ele me tira da minha própria sujeira e me ajuda a lavar todos os sentimentos ruins, perdoar a mim e aos outros e seguir em frente. Todo mundo tem provações, e embora às vezes pesem muito sobre nós, devemos enfrentá-las, pedir perdão e deixá-las rolar de nossos ombros. No livro de Filipenses, Paulo diz:

"Irmãos, não penso que eu mesmo já o tenha alcançado, mas uma coisa faço: esquecendo-me das coisas que ficaram para trás e avançando para as que estão adiante, prossigo para o alvo, a fim de ganhar o prêmio do chamado celestial de Deus em Cristo Jesus."

Filipenses 3:13-14 NIV
Viver no passado e arrastar nossa 'bagagem' conosco não funciona.

Pai, obrigado por sempre me resgatar da sujeira e lama e me colocar de volta nos lugares altos - nas rochas quentes - e me segurar em seus braços amorosos, ouvir todas as minhas orações e enxugar todas as minhas lágrimas, até que eu esteja pronto para continuar minha jornada novamente. Amém

Jornal do dia 15

Sabedoria da Natureza: reflita sobre passar tempo com a natureza.

____

____

____

____

____

____

Casa da Floresta: escreva sobre a maravilha da criação.

____

____

____

____

____

____

____

Pássaros da Montanha: como ser um melhor administrador dos dons de Deus.

____

____

____

____

____

____

____

Canções da Montanha: escreva sobre o seu destino em encontrar Jesus.

____

____

____

____

____

____

____

Escondendo Lugares: peça ao Deus para tirá-lo da sujeira.

____

____

____

____

____

____

____

Outras Reflexões:

____

____

____

____

____

____

____

Prados da Montanha

Atravesse o prado e o riacho e ouça enquanto a água pacífica traz paz à sua alma. ~*Maximillian Degenerez*

Salmos 118: 5-6 NVI-PT
o Senhor me ouviu e me pôs em um lugar largo. O Senhor está comigo; não temerei o que me pode fazer o homem.

A floresta é bem espessa onde eu moro, então é bom encontrar prados ao dirigir ou caminhar. Às vezes eu gosto de fazer uma pausa e ficar nas áreas abertas por alguns minutos. Eles de alguma forma representam um lugar seguro. Talvez seja porque eu possa ver mais além do que está ao meu redor. O céu está bem aberto e eu posso relaxar.

Quando descobri o que o Salmo 118 diz sobre os 'espaços ao ar livre' serem a resposta do Senhor para ajudar pessoas que estão cercadas por problemas, comecei a falar quando me deparo em qualquer tipo de problema ou lugar perigoso. Quando me sinto encurralado pelas circunstâncias, ou quando estou andando de moto na hora do "rush", agradeço ao Senhor pelos 'espaços ao ar livre'.. Muito espaço para ver claramente e passar pelo que está me causando medo. Acontece que, na maioria das vezes, o medo era a pior situação, e nada de ruim acontece. O Senhor cuida de mim e me ensina dia após dia a confiar mais nEle. Menos medo e mais paz cada vez que falo sobre a minha fé. Da próxima vez que você tiver medo, tente pedir seus amplos espaços abertos.

Obrigado novamente, Senhor, por suas palavras nas quais posso me apoiar quando preciso de ajuda. Obrigado pelos amplos espaços abertos que me dão proteção contra as coisas assustadoras da vida. Se eu tivesse uma fé perfeita, eu não teria medo, e o Senhor aumenta minha fé mais e mais cada vez que transforma o meu medo em paz. Amém

Verdades Profundas e Segredos Escondidos

Vá até as árvores para explorar suas perguntas e sonhos. Vá às árvores para desejar e procurar. O mundo vai ouvir enquanto você anda, observa, se acalma e respira. ~ Victoria Erickson

Daniel 2:21-22 TVT
Dá sabedoria aos sábios e conhecimento aos que sabem discernir.
Revela coisas profundas e ocultas...

Eu trabalho em casa há 30 anos, mas nunca tive uma visão tão inspiradora da minha mesa como nesta casa na floresta.

Quando os cervos e outros animais selvagens passeiam pela minha propriedade à vista da janela, pode ser difícil me concentrar no trabalho. Outras vezes, quando fico perplexo com algum dilema do computador, faço uma pausa e saio ou olho pela janela para a floresta para alinhar os meus pensamentos e refrescar a minha cabeça. Uma oração rápida é o curso habitual de ação, pedindo a Deus que me dê sabedoria além da minha idade para descobrir as coisas e fazer um bom trabalho.

Não vamos esquecer como é fácil obter sabedoria da Bíblia. Em seu livro, A Sabedoria de Deus, AW Tozer escreveu: "nós degradamos o Cristianismo para ser uma espécie de vacina contra o inferno e o pecado... O propósito de Deus em redimir os homens não era apenas salvá-los do inferno, mas salvá-los para adorar e permitir que eles nasçam naquela sabedoria eterna que era o Pai." A descrição da contracapa do livro diz: "A sabedoria não é um conceito filosófico erudito, mas sim uma ferramenta altamente prática para viver a melhor vida possível". Se queremos ter a melhor vida possível, só precisamos encontrar e aplicar a sabedoria de Deus. O segredo escondido sobre tudo isso é que é tão simples. Tozer ensinou nas escrituras de Paulo que a sabedoria eterna foi cumprida em Jesus. Nossa jornada para a sabedoria começa com a decisão de seguir a Jesus. Existe alguma coisa escondida, que você precise de sabedoria para entender? Vamos pedir isso a Deus...

Senhor Deus, obrigado por revelar verdades profundas e segredos ocultos para nós. Obrigado por continuar a nos dar sabedoria para os detalhes diários da vida quando nos voltamos para ti. Amém

Sequoias Gigantes

Conte sua idade por amigos, não por anos. Conte sua vida por sorrisos, não por lágrimas. - John Lennon

Josué 13:1 NTLH
"Você já está muito velho, e ainda há muita terra para ser conquistada."

As florestas gigantes de sequoias (Redwood) são lugares mágicos. A primeira vez que os vi, fiquei maravilhado. Era como se eu tivesse sido transportado para uma verdadeira floresta encantada que você leu em O Senhor dos Anéis. Há uma estrada chamada 'Avenue of the Giants' ao longo da costa da Califórnia que atravessa o meio de uma grande floresta gigante de Redwood por quilômetros. Há infinitas trilhas para caminhar entre elas com samambaias gigantes incomuns e trevos ao longo do caminho que eu nunca vi em nenhum outro lugar. É uma maravilha como elas ainda existem no nosso tempo. Algumas até estão vivas desde o tempo de Jesus. Basta pensar no que essas velhas árvores viram e passaram. Mas elas se mantêm ano após ano para apenas 'estar' no mundo para todos as verem e admirarem. Se esse é o único trabalho delas, elas o fazem isso bem.

Será que estamos velhos demais para fazer a diferença no mundo? Eu não acho. Na verdade, quanto mais velhos somos, mais sábios somos, então estamos muito melhor equipados para orientar outras pessoas ou dar o exemplo.

Homens e mulheres mais velhos podem ensinar aos rapazes e moças como viver uma vida piedosa(veja Tito capítulo 2). Mesmo que você ainda seja jovem, haverá alguém mais jovem do que você para ser um herói. Esse é o caminho do Reino, e ainda há trabalho a fazer.

Senhor, ajuda-me a ser o tipo de pessoa que pode ser usada por ti para ser uma influência piedosa para aqueles ao meu redor... não importa quantos anos eu tenha. Amém

Andando em Amor

A jornada requer apenas que você coloque um pé na frente do outro... de novo e de novo e de novo. E se você se permitir a oportunidade de estar presente durante toda a caminhada, testemunhará a beleza a cada passo do caminho, não apenas no cume. ~ Desconhecido

1 Cor 16:14 NTLH
Que tudo o que vocês fizerem seja feito com amor.

Caminhar pelas trilhas da montanha é tão agradável e refrescante. Há caminhantes sérios que gostam do desafio de uma escalada difícil e gostam de se esforçar para chegar ao topo dos cumes, e há pessoas como eu que gostam de serpentear ao longo das trilhas verdes fáceis, apreciando a vista Cada caminhada na floresta é como uma pequena aventura na jornada da vida. Sempre há uma nova beleza para ver e inspirar.

Quando eu morava em Phoenix há alguns anos, eu costumava me reunir com algumas amigas para passear. Costumávamos chamar de nossa 'Caminhada da Fé' porque sempre foi um ótimo momento de ministério umas com as outras, pois compartilhávamos as coisas boas e ruins acontecendo em nossas vidas. Nós nos alegrávamos com as coisas boas, ou orávamos pelas necessidades umas das outras. A comunhão com outros crentes é tão doce porque temos esse 'espírito semelhante', que nos une em uma fé compartilhada e no amor a Cristo. Também é uma alegria quando os outros podem ver o amor entre nós, e isso deixa uma marca inesperada em seus corações.. Às vezes, isso é tudo o que é preciso para plantar uma semente na vida de um incrédulo. É como um ministério natural que acontece sem que nós tentemos. Nós apenas deixamos nosso amor e bondade um pelo outro serem vistos, e isso faz a diferença.

Obrigado Pai, que o Senhor não desperdice nada. Oro para que o Senhor continue a me usar de maneiras naturais e até mesmo desconhecidas. Deixe minha vida ser um testemunho para o Senhor. Amém!

Refúgio de Montanha

Eu sempre quis morar em uma cabana de madeira no sopé de uma montanha. Eu montaria meu cavalo até a cidade e pegaria provisões. Em seguida, retornaria para a cabana, com uma grande lareira, um toca-discos e paz. - Linda McCartney

Salmos 2:12 O Livro
Como são felizes todos os que se refugiam nele!

Se você já esteve em uma cabana na floresta, sabe que retiro especial pode ser. Quando eu era jovem, li um livro chamado 'My

Side of the Mountain" (Meu lado da Montanha), que era sobre um garoto da minha idade (na época) que fugiu para as montanhas. Ele morava em uma árvore escavada e fez amizade com a vida selvagem. Eu costumava sonhar com isso também. Que grande aventura seria... ou assim eu pensei na época. Agora que estou mais velha e mais sábia, não consigo imaginar que ideia louca e assustadora seria. Quero dizer, uma cabana na floresta é uma coisa, mas viver na natureza é outra bem diferente. Sou muito grato por ter uma casa forte e robusta para estar segura e protegida no mundo.Mas nesta vida, há mais do que apenas nossa segurança física para pensar. Se você foi despertado espiritualmente mesmo que de maneira pequena, sabe que há mais. Nosso Pai colocou a eternidade em nossos corações, e eu sei que o único lugar verdadeiro e seguro é confiar Nele. Ele nos protege nesta vida, e a que está por vir. Ele é o lugar onde nossos corações e almas podem se refugiar.

Obrigado Senhor por nos dar o sentido de conhecê-lo profundamente s e saber que o Senhor tem um plano para nós. Obrigado por saber que você está lá para corrermos em todas as situações e acreditar que você nos trará para estar com você um dia. Amém

Obrigado Senhor por nos dar o sentido de conhecê-lo profundamente em nossos espíritos e saber que você tem um plano para nós. Obrigado porque podemos saber que você está lá para nós em todas as situações, e acredito que você nos trará para estar com você um dia.

Jornal do dia 20

Montanhas Prado: você precisa de espaços abertos seguros?

____

____

____

____

____

Verdades e Segredos Escondidos: uma escritura que revela a verdade para você.

____

____

____

____

____

____

____

____

Sequoias Gigantes: como Deus pode usar seus talentos?

____

____

____

____

____

____

Andando no Amor: como seu amor e bondade podem ser vistos?

Refúgio de Montanha: como Deus pode ser seu refúgio hoje?

Outras Reflexões:

Alto em uma Colina

Pois devemos considerar que seremos como uma cidade sobre uma colina. Os olhos de todas as pessoas estão sobre nós. John Winthrop sonha com uma cidade em uma colina; 1630 antes dos colonos chegarem à Nova Inglaterra

Psalm 62:6-7 (Traduzido da versão original em inglês)
Só ele é minha rocha e libertação, minha cidadela no alto de uma colina; eu não serei abalado. Minha salvação e meu significado dependem, em última análise, de Deus; o núcleo da minha força, meu abrigo, está no Deus Verdadeiro.

Quando eu morava no Arizona, costumava visitar o Grand Canyon regularmente. Não há realmente nada que possa se comparar à majestade deste lugar. Lá diante de seus olhos está a paisagem mais incrível e a evidência do dilúvio de Noé que podemos encontrar no planeta Terra. Há muitos argumentos seculares sobre como ele foi formado, mas só de olhar para ele, meu bom senso concorda com os criacionistas que dizem que deve ter sido um evento cataclísmico em uma escala gigantesca. Primeiro, você vê todos os diferentes solos que foram depositados em camadas perfeitamente planas enquanto a água se movia e girava a terra em um dilúvio global. Então, imaginar a quantidade de água que deve ter estado presente para esculpir o cânion enquanto a água estava recuando. Juntamente com vulcões e terremotos, montanhas subindo e descendo - que época louca para o planeta Terra!

Mas a evidência está aí para todos verem, então não temos desculpa.

Hoje você pode sentar na beira do desfiladeiro profundo no alto de uma rocha e olhar 15 milhas para o outro lado. Que testemunho de como a beleza pode vir das cinzas. Essa rocha alta nos dá um ponto de vista que pode tornar todo o evento claro. Isso me faz pensar na escritura acima - como nosso Senhor Jesus é nossa 'rocha', nossa força, nosso abrigo. Ele nos coloca no alto de uma colina com um grande ponto de vista para que possamos ver uma imagem maior do que está acontecendo na vida, e não sermos abalados. Sim, há coisas na vida que vão nos abalar ~inicialmente~, mas é aí que reunimos nossas forças e olhamos do nosso ponto de vista e nos livramos disso!

Senhor, estou maravilhada com a beleza que o Senhor nos deu aqui no planeta Terra, e como tudo isso aponta de volta para Ti. Obrigado pela força que nos dá e pelo ponto de vista de ver as coisas de uma perspectiva celestial. Amém

Passo da Montanha

Estradas difíceis geralmente levam a belos destinos.

~Desconhecido

Tiago 1:12 NTLH
Feliz é aquele que nas aflições continua fiel! Porque, depois de sair aprovado dessas aflições, receberá como prêmio a vida que Deus promete aos que o amam.

Quando eu era mais jovem, eu não tinha medo de dirigir em estradas de terra da montanha que levavam a quem sabe onde, à beira de penhascos sem espaço para passar, caso um carro se aproximasse. Eu realmente pensei que era uma aventura que todos iriam adorar, mas descobri que. estava muito errada quando levei meu irmão e minha cunhada (que estavam visitando de outro estado) em uma 'rota cênica' para casa de Cripple Creek, CO, em uma estrada secundária precária. O que começou como um passeio divertido, se transformou em uma viagem de horrores para meus convidados. Minhas risadinhas sobre os seus medos(tentando o meu melhor para amenizar uma situação ruim) não ajudaram. Não foi apenas uma provação assustadora para eles. De repente, eu era alguém que eles desprezavam e queriam fugir o mais rápido possível. Eles voltaram para casa mais cedo do que o planejado. Eu me senti horrível e sinceramente pedi desculpas, mas o estrago estava feito

Às vezes, a vida pode ser difícil quando coisas inesperadas acontecem por más decisões tomadas. Mesmo sem más intenções, ainda temos que lidar com a dor no coração de uma curva errada. É fácil ficar deprimido quando as coisas dão errado, e às vezes eu me permito chafurdar nesse lugar por muito tempo. Eventualmente, chega a hora de me livrar disso, e é claro que me volto para o meu Pai. Minha fé é o que sempre me puxa de volta ao lugar das bênçãos. É quando estamos no meio de nossas dificuldades e voltamos à nossa fé, que redescobrimos as bênçãos que nos aguardavam o tempo todo. É hora de você deixar sua fé levá-lo de volta a um lugar de bênção?

Senhor, quando eu estiver em um lugar difícil, por favor, me ajude a continuar voltando para Ti. Mostre-me o caminho de volta, especialmente quando não consigo vê-lo claramente. Amém

Mistérios

A Sinfonia "Montanha Misteriosa" foi escrita em 1955 por Hovhaness, que comentou: "As montanhas são símbolos, como pirâmides, da tentativa do homem de conhecer a Deus".

Psalm 73 (TVT - Traduzido do inglês)
Tentar resolver esse mistério sozinho me exaustou; eu não aguentava olhar mais para ele. Então eu levei minhas perguntas para o Deus Verdadeiro... Admito o quão quebrado estou em corpo e espírito, mas Deus é minha força, e Ele será minha para sempre.

A vista da janela da minha cozinha mostra as montanhas e o grande pico do Monte Shasta à distância. As sombras entre as cordilheiras sempre me intrigam. É puro deserto lá fora? Existe uma estrada em algum lugar para explorar essas colinas? Posso nunca saber, mas adoro o mistério. Parece que Deus deu um coração curioso a cada um de nós que nos atrai para o desconhecido. Isso me faz entender um pouco sobre por que os alpinistas têm que subir até o topo, só para dizer que eles fizeram isso.

Há outros momentos em que os mistérios da vida não são tão interessantes ou intrigantes. Quando os problemas da vida estão me sobrecarregando e sou pressionado a tomar decisões difíceis, pode ser insuportável. Imagino que todo mundo passa por momentos ansiosos e difíceis. Faz parte da condição humana, e se eu não tivesse meu Pai a quem recorrer, honestamente não sei como passaria por alguns desses momentos difíceis. Quando penso nas pessoas do mundo que não O conhecem, realmente me entristece pensar em como é uma vida de luta sem ter a força do Senhor para me apoiar. Adoro encontrar pepitas como a passagem no Salmo 73 que me diz que não há nada de incomum sobre o que estou passando - alguém há milhares de anos enfrentou um dilema semelhante e compartilhou como encontrou as respostas. Eles admitiram o quão exaustos e quebrados estavam e se voltaram para Deus em busca de força. Quanto mais nos aprofundamos na Palavra de Deus, mais descobrimos que as respostas estão sempre lá.

Obrigado Pai por nos dar suas preciosas palavras de orientação na Bíblia. Obrigado pelas histórias que nos mostram que não estamos sozinhos, e os problemas que temos não são exclusivos para nós, e que o Senhor está sempre lá para nos dar força. Amém

Minas de Ouro

Refinar: re•fi•narRemover impurezas ou elementos indesejados

Provérbios 17:3 O Livro
O ouro e a prata são purificados pelo fogo, mas é só o Senhor
quem purifica os corações.

Quando eu morava no Arizona, comprei uma cabana perto de uma cidade antiga de mineração de mais de 100 anos chamada "Crown King" Metade da aventura de passar o tempo na cabana estava chegando- eram 45 quilômetros de estrada de terra batida até a cidade, e depois mais 13 quilômetros de uma estrada ainda mais áspera cheia de sulcos e pedregulhos para chegar à minha cabana, que somente podia ser transitada por veículos 4x4. No auge da cidade, ela atraia pessoas para tentarem "ficar ricas" na mineração de ouro. Parece que as pessoas ainda estão tentando encontrar o caminho mais fácil para a riqueza. Alguns podem ter sorte, mas na maioria das vezes é preciso muito trabalho em tentar e falhar algumas vezes antes de ter sucesso ao iniciar um negócio ou subir na carreira.

Da mesma forma, não há uma maneira instantânea de se tornar uma pessoa Divina e justa. É uma jornada que pode levar uma vida inteira. Dizer sim a Jesus é apenas o primeiro passo. Deus nos dá oportunidades de crescer e aprender por meio dos testes e provações que temos na vida. Levei alguns anos para descobrir isso, mas finalmente estou 'compreendendo' quando a Bíblia diz para "considerar pura alegria quando enfrentarmos provações" (Tiago 1:2), porque Deus está construindo nosso caráter. Claro, fico frustrado com alguns dos altos e baixos da vida, mas aprendi a procurar as lições. Mesmo que eu não consiga definir a lição, estou aprendendo a encontrar paz confiando que meu Pai tem bons planos para mim e está trabalhando em tudo para o meu bem, apesar do que eu possa estar passando. Você está procurando as lições em sua situação difícil hoje?

Obrigado Senhor por purificar meu coração e me tornar uma pessoa melhor. Ajude-me a ver as lições que preciso aprender para que eu possa desenvolver o personagem que preciso para o resto da jornada e além. Amém

Montanhas em movimento

Terremotos movem montanhas. -*Mitigation Works*

Salmos 46:2-3 NVI-PT
Por isso não temeremos, ainda que a terra trema e os montes
afundem no coração do mar, ainda que estrondem as suas águas
turbulentas e os montes sejam sacudidos pela sua fúria..

Os últimos dois anos vivendo em uma pandemia pareceu que o mundo está fora de controle, com certeza. Tem sido um caminhar louco e selvagem com tantos efeitos colaterais inesperados de um pequeno vírus microscópico, que deixou o mundo inteiro perturbado. Nada será como antes.. Dizem que há um 'novo normal', e todos nós estamos tentando nos ajustar.

Tanta perda, tanta dorme cabeça. Como superamos esse 'espírito de medo' que tomou conta do mundo inteiro?

A resposta é permanecer em nossa Rocha, Jesus. Isso parece uma afirmação tão simplista, mas a maioria das coisas com Deus são simples e profundas assim. Como afirma a escritura acima, estamos "seguros e destemidos" diante de todos os problemas mundiais quando temos o Espírito Santo vivendo dentro de nós. Podemos saber que, não importa o que esteja acontecendo ao nosso redor, estamos seguros no Senhor. Sim, haverá dificuldades e doenças nesta vida. Não estou dizendo que podemos nos livrar disso. Mas há uma paz no fundo do coração de um crente que não pode ser negada ou explicada. É o que nos faz passar até mesmo pelo caos de uma pandemia.

Se o medo está tentando controlar você, deixe-o ir agora. Entregue-o a Jesus e fique na Palavra que diz que somos "seguros e destemidos". Ative sua fé - diga em voz alta: "Estou certo e destemido", e apoie-se nela.. "Porque Deus não nos deu um espírito de medo e timidez, mas um espírito de poder, de amor e de autodomínio." (2 Timóteo 1:7 O Livro)

Papai Deus, obrigado por ser minha força e minha rocha através das tragédias da vida. Ajude-me a continuar voltando para aquele coração 'seguro e destemido'. Amém

Diário do dia 25

Alto em uma colina: O que você precisa para sacudir hoje?

Passo da Montanha: voltando ao lugar de bênção de Deus.

Mistérios: encontre a resposta para um problema na Palavra de Deus.

Minas de Ouro: como você está crescendo através de testes e ensaios?

Movendo Montanhas: escreva sobre deixar de lado um medo que você tem.

Outras Reflexões:

Espíritos Inquietos

Quando vi as montanhas, o peso se levantou e meu espírito inquieto se acalmou... Eu sabia que estava onde pertenço. ~*Desconhecido*

Gálatas 4:6 TPT
E, para mostrar que vocês são seus filhos, Deus enviou o Espírito do seu Filho ao nosso coração, o
Espírito que exclama: "Pai, meu Pai."

É incrível como a natureza pode nos trazer de volta ao centro quando nossos espíritos estão fora de si e nossa mente está estressada. Todos os. nossos. avanços e tecnologias modernas nos trouxeram muitos confortos na vida, mas não há nada que possa nos fazer sentir mais em 'casa' como voltar à natureza. Para mim, é como uma espécie de sentimento interior profundo de que estamos conectados à "Mãe Terra" de maneiras que não podemos explicar.

Da mesma forma, o Espírito Santo que vive dentro de nós é o que eleva nossos espíritos inquietos a saber nas profundezas de nossos corações que Deus é o nosso verdadeiro Pai. Esta foi uma verdadeira experiência de cura para mim, porque eu nunca tive uma figura paterna amorosa em minha vida. Lembro-me do dia em que o Espírito Santo colocou esse conhecimento em meu coração - eu estava em um culto na Vineyard Church, e o pastor deu uma palavra de conhecimento de que o Senhor queria curar os corações dos órfãos. Tudo o que eu tinha que fazer era recebê-lo. Bem, eu sabia que era eu, mas havia muitas outras pessoas tocadas naquele dia também. Naquele instante de entrega, eu soube que Deus era o meu Pai; sempre foi meu Pai, e Ele me ama do jeito que sou. Ele me adotou para ser dele. Eu não estou sozinho ou indesejado. Essa revelação quebrou algo em mim - meu coração endurecido - para que pudesse ser curado. Oh, quão doce é quando o Espírito Santo nos conduz a lugares de cura. Que liberdade há quando nos apoiamos nela! Eu encorajo você a se inclinar para aqueles momentos em que você sente Deus falando com você - pedindo que você se incline e libere algo para Ele. Não se detenha; deixe-se ir e seja curado.

Obrigado Espírito Santo por nos guiar nos caminhos de cura e para um conhecimento mais profundo do Seu amor. Amém

A Beleza da Natureza

A natureza é a arte de Deus. ~Dante

Jo 12:7-10 NVI-PT
"Pergunte, porém, aos animais, e eles o ensinarão,
ou às aves do céu, e elas lhe contarão; fale com a terra, e ela o
instruirá, deixe que os peixes do mar o informem. Quem de todos
eles ignora que a mão do SENHOR fez isso? Em sua mão está a
vida de cada criatura e o fôlego de toda a humanidade.

O Nosso Deus é verdadeiramente um artista. Uma das coisas que mais gosto de fazer é explorar novos lugares na natureza. Adoro dirigir para novos destinos e passar o tempo apenas admirando a bela criação de Deus. O sudoeste tem as paisagens mais espetaculares que eu já vi. As areias vermelhas e os monumentos os arcos e o magnífico Grand Canyon são verdadeiramente inspiradores. Esse tipo de experiência vive em nossos corações e memórias, e se torna parte de nós. Coisas e pessoas podem ir e vir durante nossa jornada pela vida, mas a beleza da natureza e o tempo que passamos nela deixa uma impressão em nossa alma que fica.

Quando foi a última vez que você tirou um tempo para se maravilhar com a criação e deixá-la refrescar sua alma? Não estou falando de férias com cada minuto repleto de atividades e emoções como um parque temático, mas de um momento tranquilo longe de tudo, onde você pode realmente acalmar seu espírito e descansar. Um tempo para ver algumas belezas naturais e absorvê-las, agradecendo ao nosso Deus pela maravilhosa criação que Ele nos deu. Esta é a essência de estar quieto e conhecer a Deus. Fale com Ele e espere para ouvir Sua voz mansa e delicada. "Como é feliz o homem que me ouve, vigiando diariamente à minha porta, esperando junto às portas da minha casa. Pois todo aquele que me encontra, encontra a vida e recebe o favor do Senhor". (Provérbios 8:34-35 NIV) Esse é o meu Descansar e Relaxar.

Pai, fico admirada com a beleza da natureza que o Senhor criou. Obrigado por nos dar ricamente, todas as coisas para desfrutar, Amém (1 Timoteo 6:17)

Trilhas desafiadoras

É somente depois de sair da sua zona de conforto que você começa a mudar, crescer e se transformar.

~ Roy T. Bennett

Efésios 2: 22 NVI-PT
Nele vocês também estão sendo edificados juntos, para se tornarem morada de Deus por seu Espírito.

Completar uma trilha de montanha desafiadora pode mudar sua vida. Acho que tem algo a ver com enfrentar e superar nossos medos, o que realmente nos transforma. Tenho vários amigos que caminharam até o fundo do Grand Canyon e voltaram, e eles realmente voltam inspirados e confiantes. Eu não consigo caminhar pelo Canyon devido a um problema no meu pé, e optei por fazer rafting, o que provou ser muito desafiador e emocionante para mim. Acredito que são os desafios da vida que nos fazem crescer em caráter e autoestima. Pessoalmente, descobri que enfrentar um desafio, em vez de recuar, é onde o crescimento real acontece.

Outra experiência transformadora na minha vida foi escolher seguir a Jesus. Eu sabia que precisava Dele, mas eu realmente não tinha ideia dos desafios à minha frente. Eu não percebi que estava me inscrevendo para que o Espírito Santo me mudasse de dentro para fora para me transformar em Sua morada. Que grande honra! Tenho certeza de que se eu soubesse que esse era o ponto, eu poderia ter recuado sentindo que era totalmente inadequado para o trabalho. Na verdade, esse tipo de pensamento me impediu de me render a Ele por algum tempo. Mas minha necessidade por Ele finalmente superou minhas inseguranças de ser bom o suficiente, e eu entrei com fé na maior aventura da minha vida. Desde então, o Senhor me trouxe através de cumes de montanhas e vales baixos para alcançar e curar as partes mais íntimas de mim, que tem sido a parte 'desafiadora'. Mas a vista daqui (39 anos depois) é linda e incrível. Você está avançando em sua aventura espiritual ou recuando?

Obrigado Pai por me dar a ousadia de insistir quando o Senhor está me guiando pelos cumes das montanhas e pelos vales da vida. Amém

Montanhas de Cura

A natureza é nossa mestra, a força divina que pode ajudar a nos guiar em direção a um caminho de cura.
~The Wellness Station

Proverbios:16:24 O Livro
As palavras amáveis e delicadas são como o mel;
fazem bem à alma, dão saúde à vida.

Especialistas em cura concordam que há algo em passar tempo na natureza que cura nossas mentes e corpos. Parte da razão que funciona é porque nos afasta do estresse e das pressões da vida e nos dá um ambiente tranquilo para nos recuperarmos. A natureza nos aproxima do nosso Criador. As coisas que Deus fez têm um design embutido para curar a si mesmas, e a natureza nos ajuda a voltar 'em sintonia' com o mesmo design pelo qual fomos feitos.

Mas não são apenas nossas mentes e corpos que precisam de cura. Às vezes, nosso ser espiritual- a parte mais profunda do que nos torna quem somos - é ferido. As coisas do espírito só podem ser curadas pelo Espírito. Eu amo a escritura acima que nos ensina como palavras bonitas e vivificantes podem liberar uma doçura para nossas almas e trazer cura interior aos nossos espíritos. Recentemente, passei por uma aula que nos fez formar pequenos grupos e fazer um exercício de pedir ao Espírito Santo palavras de encorajamento para as pessoas do nosso grupo e, em seguida, falar essas palavras sobre elas. Então oramos para selar essas palavras para que elas realizassem o que Deus as enviou para fazer. Devo dizer que saí daquela aula me sentindo mais leve e inspirada, com palavras de confirmação para me dizer que estava no caminho certo. É incrível como nossas palavras - quando combinadas com a orientação do Espírito Santo podem curar e direcionar. Você conhece alguém que precisa de cura interior? Tente pedir ao Espírito Santo palavras de encorajamento para falar.

Espírito Santo, peço-lhe mais palavras de encorajamento para compartilhar com aqueles que colocas no meu caminho. Ajude-me a falar essas palavras em espírito e em verdade, e que essas palavras sejam recebidas para trazer a cura interior. Amém

Momentos no topo da montanha

Em alguns momentos, experimentamos uma unidade completa dentro de nós e ao nosso redor. Isso pode acontecer quando estamos no topo de uma montanha e somos cativados pela vista.

~Henri Nouwen

Mateus 14:23 NVI-PT
Tendo despedido a multidão, subiu sozinho a um monte para orar. Ao anoitecer, ele estava ali sozinho

O s topos das montanhas são lugares fisicamente difíceis de chegar. Talvez seja por isso que eles tenham um efeito tão especial em nós. Sabemos que tão poucos estiveram lá, e isso *acende algo dentro de nós que nos faz sentir inteiros quando experimentamos aquele momento inconfundivelmente único em nossa vida que pode nunca mais voltar. Deve ser isso que leva os alpinistas a conquistar os cumes das montanhas do mundo.*

Jesus criou o hábito de ir ao topo das montanhas para ficar sozinho e orar durante o auge de Seu ministério. É algo que podemos aprender a fazer para fortalecer nosso ministério e nossa caminhada com Deus. Eu não sou um grande caminhante, mas adoro dirigir até as montanhas para me inspirar e passar um tempo a sós com Deus. Se foi bom para Jesus, tem que ser bom para mim!

Outra maneira de vivenciarmos as experiências de 'montanha' é por dentro, em nossos espíritos. São esses momentos da vida que trazem grande alegria, e por esse momento nos sentimos no topo do mundo. Seu primeiro emprego, o dia do seu casamento, completando um longo projeto difícil, o dia em que você disse sim a Jesus. Adoraríamos que todos os dias tivessem momentos altos, mas a vida real não é assim. Quando a estrada nos leva aos 'vales', é quando nos lembramos dos cumes das montanhas e sabemos que isso é apenas temporário. Podemos avançar e esperar o próximo dia de alegria. Se você se encontrar preso em um 'vale', não fique lá. Levante-se, saia e vá encontrar um topo de montanha! Peça ao Senhor que te encontre lá e incline-se em Sua presença. Você vai voltar com uma pessoa diferente.

Obrigado Jesus pelo seu exemplo de fugir para as montanhas para ficar a sós com nosso Pai. Obrigado por nos encontrar lá e nos dar força. Amém

Day 30 Journal

Espírito Inquieto: incline-se e libere algo para Deus.

____
____
____
____
____
____
____

Beleza da Natureza: fique quieto e ouça - o que Deus está dizendo para você?

____
____
____
____
____
____
____
____

Trilhas desafiadoras: pressionando sua aventura espiritual.

____
____
____
____
____
____
____

Montanhas de Cura: escreva sobre como encorajar os outros.

____

____

____

____

____

____

____

Momentos de Topo da Montanha: escreva sobre um momento no topo da montanha.

____

____

____

____

____

____

____

____

Outras Reflexões:

____

____

____

____

____

____

____

____

Conheça Meu Jesus

Ele morreu por você. (Sim, você.)

Romanos 10:9 NIV Se você declarar com sua boca: "Jesus é o Senhor" e acreditar em seu coração que Deus o ressuscitou dos mortos, você será salvo.

Talvez você já conheça meu Jesus, mas eu não poderia fechar este livro sem lhe dar o convite para recebê-Lo em seu coração, caso você nunca tenha dado esse passo.

Não tem certeza? Então vamos garantir que você não passe mais um minuto sem saber, sem dúvida, que Ele o conhece e o ama. Que ele realmente morreu para que você pudesse entrar em Sua casa e se tornar um filho ou filha adotivo do Deus Altíssimo. Venha sem hesitação para a vida que Ele tem para você. Uma vida cheia de liberdade e paz no fundo da sua alma, porque você sabe que é aceito do jeito que é. Acredite e receba o dom do Espírito Santo colocado no meio do seu coração para saber intimamente, sem dúvida, quem você é.

A história de Jesus é bem conhecida - tenho certeza de que você já a ouviu antes. Deus Pai enviou seu único filho para ser o sacrifício supremo por nós. Ele pagou o preço do pecado no mundo, então não precisamos. Foi uma morte horrível, mas então um milagre aconteceu. Ele despertou da morte e foi o primeiro a ir estar com o Pai. Mas Seu sacrifício tornou possível para qualquer um que acreditasse se juntar a Ele. Não apenas no céu, mas em uma jornada espiritual aqui e agora, para crescer na melhor versão de nós mesmos - e talvez trazer algumas pessoas conosco.

É assim tão fácil: se você acredita em seu coração, diga a ele diretamente: "Jesus, eu acredito que você morreu por mim! Acredito que o Senhor ressuscitou dos mortos. Peço-lhe que sopre o dom do Espírito Santo em mim para que eu possa conhecê-lo no fundo da minha alma." Agora conte paraalguém! Encontre sua tribo de outros crentes e conecte-se a uma igreja local. Parabéns por iniciar sua jornada espiritual! Bem-vindo à Família!

Você faria mais uma coisa? Você poderia entrar em contato comigo e me dizer que conheceu meu Jesus? linda@LindasGarden.co

Sobre o Autor

Linda Carter tem 40 anos de história como cristã, nascendo novamente em uma Vineyard Church no sul da Califórnia em 1982. Ela passou um tempo servindo no ministério prisional de mulheres, recuperação de vícios femininos, programas de orientação feminina e ministério de motociclistas. Ela é mãe de 1 filha, Avó de 6 netos, e está semi-aposentada com o marido, residindo no norte da Califórnia, região florestal, e na pequena comunidade montanhosa de Oak Run.